Les remèdes de Dame Nature

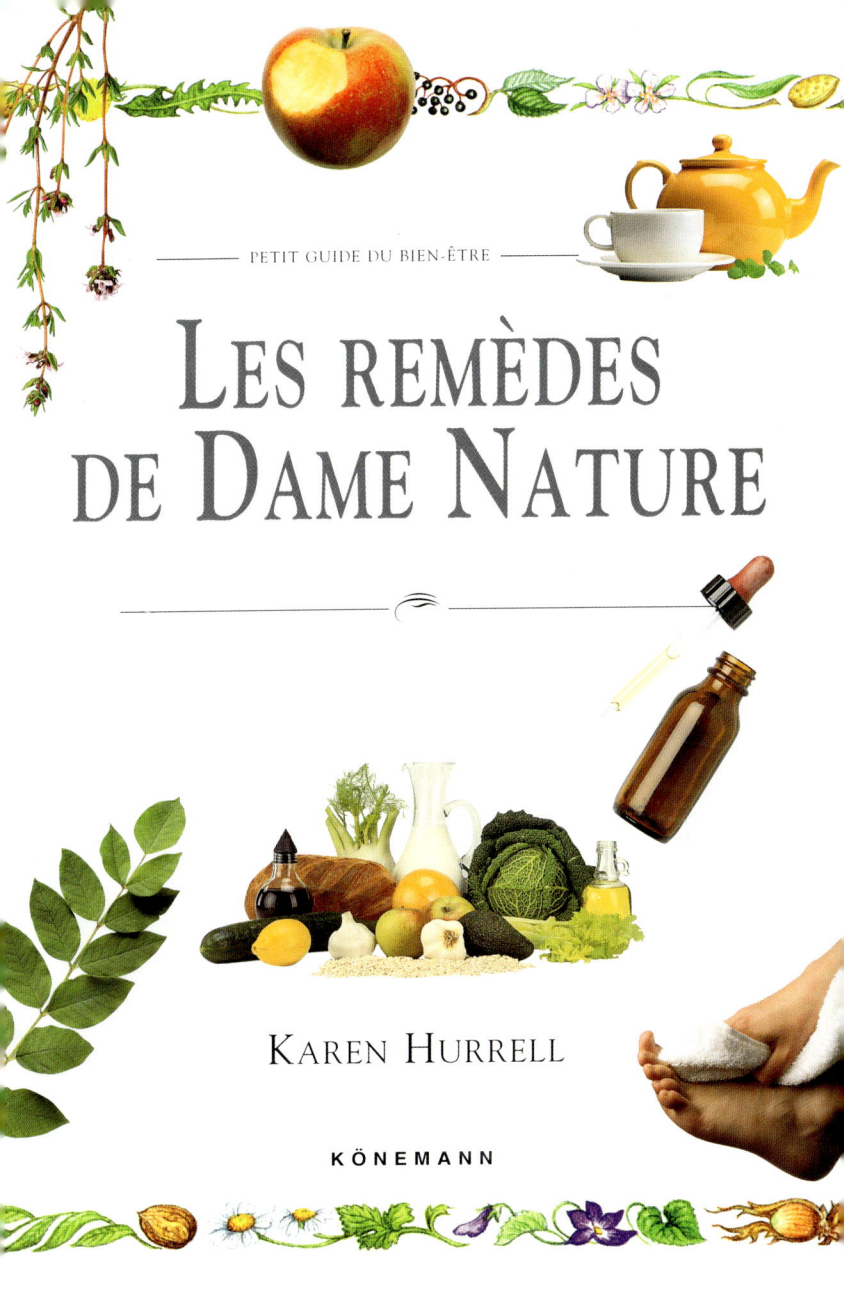

PETIT GUIDE DU BIEN-ÊTRE

LES REMÈDES DE DAME NATURE

KAREN HURRELL

KÖNEMANN

© 1997 Element Books Limited
Shaftesbury, Dorset, SP7 9BP, UK

Titre original : *In a Nutshell
Natural Home Remedies*

Tous droits réservés. Aucune partie
de ce livre ne peut être reproduite
ou utilisée sous quelque forme
ou avec quelque moyen électronique
ou mécanique que ce soit, y compris
des systèmes de stockage d'information
ou de recherche documentaire, sans
l'autorisation écrite de l'éditeur. Les droits
moraux de l'auteur ont été préservés.

© 1999 pour l'édition française
Könemann Verlagsgesellschaft mbH,
Bonner Str. 126, D-50968 Cologne

Traduction : Christine Chareyre
Réalisation : Céline Cortot,
Little Big Man, Paris

Chef de fabrication : Detlev Schaper

Impression et reliure :
Sing Cheong Printing Co. Ltd.,
Hong Kong

Imprimé en Chine

ISBN : 3-8290-2066-X

10 9 8 7 6 5 4 3

Note de l'éditeur :
Les informations contenues dans ce livre ne
sauraient remplacer un avis autorisé. Avant
toute automédication, consultez un praticien
ou un thérapeute qualifié.

Crédits photographiques :
Bridgeman Art Library, e.t. archive
et Science Photo Library.

Remerciements particuliers à :
Paul Castle, Natasha Gray et Jo Mortimer
pour leur concours photographique, ainsi
qu'au docteur René Gentils, médecin
et conseiller pour ce livre.

Sommaire

INTRODUCTION	6
UN PEU D'HISTOIRE	8
LES TRÉSORS DE DAME NATURE	10
PRÉPARER LES REMÈDES	12
AUTRES FORMES DE TRAITEMENT	16
REMÈDES NATURELS	18-51
Le vinaigre	18
L'oignon	19
L'ail	20
Le céleri	21
L'avoine	22
Le chou	23
Le souci	24
La camomille	25
Le citron	26
Le pamplemousse	27
Le concombre	28
L'eucalyptus	29
Les clous de girofle	30
Le fenouil	31
La réglisse	32
L'hamamélis	33
L'orge	34
Le yaourt	35
La lavande	36
La pomme	37
Le miel	38
La menthe	39
L'olive	40
Le pain	41
L'avocat	42
Le romarin	43
La sauge	44
Le sureau	45
La moutarde	46
Le bicarbonate de soude	47
Le pissenlit	48
L'ortie	49
La canneberge	50
Le gingembre	51
EMPLOI DES REMÈDES NATURELS	52
AFFECTIONS COURANTES	53
BIBLIOGRAPHIE	59
ADRESSES UTILES	59

Introduction

Depuis les temps les plus reculés, *les plantes sont utilisées à des fins médicinales. Si l'homme a accueilli avec enthousiasme les découvertes de la médecine moderne et ses bienfaits, la tradition de la médecine populaire et des soins naturels est restée vivace.*

CI-DESSUS
La noix muscade (Commentaires de Mattioli), plante datant du XVIᵉ siècle.

Aujourd'hui, parallèlement à l'intérêt croissant pour l'écologie et aux préoccupations légitimes pour les effets secondaires des médicaments, on assiste à la résurgence de la médecine naturelle. Jadis, chaque famille connaissait et utilisait des remèdes naturels qui pouvaient soulager des affections mineures. Le plus souvent, ils provenaient du jardin ou du garde-manger.

La pratique de la médecine moderne a entraîné une dépendance vis-à-vis des praticiens. Nous nous sommes habitués à nous fier à d'autres personnes et aux produits de l'industrie pharmaceutique. Nous avons commencé à croire en la supériorité de la science sur les remèdes traditionnels, perdant peu à peu la sagesse des générations précédentes.

À DROITE
Nous sommes devenus peu à peu dépendants des produits de l'industrie pharmaceutique.

INTRODUCTION

Pourtant, nous découvrons maintenant les défaillances des pratiques médicales conventionnelles. Si certains traitements nous guérissent, le plus souvent ils éliminent les symptômes sans en soigner la cause. En Occident, nous avons pris l'habitude de nous soigner seulement lorsque nous sommes malades, et nous avons du mal à admettre que notre santé implique une approche globale de l'individu. Les remèdes naturels s'inscrivent dans une dimension holistique, considérant le corps, l'âme et l'esprit comme des facteurs essentiels de bonne santé. Si ces trois éléments s'équilibrent, si nous possédons un niveau d'énergie optimal et éprouvons une sensation de bien-être, notre corps a de meilleures chances de se soigner.

Les troubles d'ordre psychique peuvent affecter la santé du corps.

L'entretien de la santé psychique constitue la clé du bien-être.

À DROITE
L'approche holistique de la santé accorde autant d'importance au corps, à l'âme et à l'esprit.

L'exercice et un régime alimentaire sain font la santé du corps.

— LES REMÈDES DE DAME NATURE —

Un peu d'histoire

LA PRATIQUE *consistant à utiliser des substances naturelles pour soigner et prévenir la maladie existe depuis les temps préhistoriques, et elle constitue aujourd'hui la principale forme de médecine pour 80 % de la population mondiale. De nombreux médicaments modernes sont à base de plantes, notamment l'aspirine, provenant de l'écorce de saule (espèce Salix), et la digitaline, des feuilles de la digitale (Digitalis purpurea). Le tableau ci-dessous retrace l'évolution de la médecine des temps les plus anciens jusqu'à aujourd'hui.*

CI-DESSUS
De nombreux médicaments sont issus de plantes recensées dans les herbiers anciens.

HIPPOCRATE ET GALIEN

CHINE	INDE	ÉGYPTE	GRÈCE	EUROPE
Le *Canon des plantes* de l'empereur Shen Nung constitua la première chronique. Sous la dynastie Ming, Li Shizhen rédigea l'ouvrage *Materia Medica*, achevé en 1578.	En Inde, depuis 2000 av. J.-C., la médecine et la chirurgie utilisent des centaines de plantes, dont beaucoup sont toujours employées de nos jours.	*Papyrus Ebers* (écrit en 1600 av. J.-C.) recense plus de sept cents remèdes à base de plantes. Les praticiens égyptiens travaillaient avec près de mille plantes.	Hippocrate (460-370 av. J.-C.) fit référence à trois cents plantes médicinales dans ses travaux. D'éminents médecins ont écrit sur le rôle des plantes en médecine.	La Renaissance a vu le développement de la médecine naturelle, notamment grâce aux traductions de l'Anglais Nicholas Culpepper en 1653 : *La Pharmacopée* et *L'Herbier*.

———————————— UN PEU D'HISTOIRE ————————————

SOINS VÉTÉRINAIRES

Les plantes ont toujours joué un rôle important dans la vie des animaux : les merles se nourrissent de baies en hiver pour reconstituer leur réserve en fer et en vitamines. Les chats mangent de l'herbe pour faciliter la digestion lorsque les poils s'accumulent dans leurs intestins. De nombreux témoignages de soins par les plantes concernant les animaux et les hommes existent et remontent à des temps très anciens.

HERBORISTERIE

Les plantes s'emploient autant à des fins préventives (pour purifier le corps et équilibrer ses fonctions) que thérapeutiques. Dans le jardin, sur le rebord de la fenêtre, dans le placard de la cuisine ou dans la campagne, on peut trouver une variété de remèdes naturels à utiliser à titre préventif, en première urgence ou pour soigner des affections courantes. À défaut de ramasser soi-même les plantes, on peut s'approvisionner chez un herboriste ou dans une boutique de diététique.

RÉCOLTE DE SAUGE

CULPEPPER

À DROITE *Application* **d'un remède naturel**

ÉTATS-UNIS

La médecine par les plantes connut un regain d'intérêt aux XVIIIe et XIXe siècles. Les remèdes inspirés des traditions rurales américaines constituèrent la base de la médecine conventionnelle.

XXe siècle

Les plantes perdirent de leur importance avec l'émergence de la médecine moderne et la dépendance croissante vis-à-vis des médicaments. Les malades remirent leur santé entre les mains des médecins.

Pharmacie

La possibilité de synthétiser des parties de plantes signa la fin des remèdes naturels, et les laboratoires pharmaceutiques promurent la plus grande efficacité de leurs produits.

Aujourd'hui

Parallèlement aux progrès de la recherche sur les constituants actifs des plantes, un nombre croissant de remèdes anciens sont de nouveau reconnus et utilisés.

Effets secondaires

Une préoccupation croissante sur les effets secondaires des médicaments, dont les terribles méfaits de certains composés comme la thalidomide, a entraîné un retour à la médecine naturelle.

Les trésors de Dame Nature

RÉCOLTE DE PLANTES

THYM

LA TERRE FOURNIT tout un éventail de remèdes pour traiter les affections les plus diverses. On les trouve dans le jardin, dans le placard de la cuisine, dans la campagne ou dans les boutiques spécialisées.

Les plantes, les aliments, les minéraux, les fruits et légumes constituent le fondement des deux principaux courants médicaux, conventionnel et traditionnel.

Une fois isolés, leurs composés actifs participent à la fabrication des médicaments modernes, ou s'utilisent bruts à des fins thérapeutiques sous formes d'élixirs floraux, d'huiles essentielles, de remèdes homéopathiques.

La nature dispose d'une grande richesse d'éléments dans laquelle on peut puiser.

LAVANDE

LES PLANTES

En médecine, le terme « plante » désigne tout végétal ou toute partie de végétal utilisable dans la fabrication des remèdes. Il comprend les algues, fougères, fleurs, racines, bulbes, écorces, graines et feuilles, mais aussi les aromates, épices, ainsi que de nombreux fruits et légumes. Les plantes sont choisies pour renforcer le pouvoir de guérison inhérent au corps. De nombreuses plantes fortifient et stimulent l'action d'organes déterminés. Les plantes permettent de traiter chez soi des affections bénignes et des maladies chroniques.

REMÈDE HOMÉOPATHIQUE

ALIMENTS

Jadis, on employait à des fins médicinales ce que l'on trouvait dans le garde-manger. Des aliments comme le pain, le chou, le lait, le yaourt offrent des propriétés nutritionnelles – qui peuvent renforcer l'organisme, prévenir la maladie –, et des vertus médicinales, qui traitent des affections spécifiques et permettent d'éviter les récidives.

PAIN

FRUIT

L'avantage des denrées alimentaires est qu'elles sont normalement faciles à acheter ou à préparer, et elles sont tout indiquées pour ceux qui préfèrent ne pas recourir aux médicaments ou à des préparations fortes à base de plantes. Nombre de ces aliments s'emploient depuis longtemps.

CI-DESSUS, À GAUCHE ET À DROITE *Chacun possède dans sa cuisine un choix d'aliments à usage thérapeutique.*

LAIT ET FROMAGE

ACHETER DES REMÈDES

La plupart des plantes s'achètent préparées, avec les indications de posologie sur le paquet. Les remèdes homéopathiques – ceux préparés selon les principes homéopathiques et en dilution (essences de fleurs, infusions, teintures) – sont en vente dans les boutiques de diététique. Certaines personnes préfèrent élaborer leurs remèdes elles-mêmes, démarche considérée comme importante dans le processus de guérison.

À GAUCHE **Les boutiques de diététique offrent un large choix de remèdes homéopathiques et à base de plantes.**

Préparer les remèdes

DE NOMBREUSES PLANTES doivent être préparées pour libérer leurs composants actifs, ou pour les convertir sous une forme plus pratique. Par exemple, les plantes ligneuses doivent être bouillies et mises en décoction pour fabriquer les teintures et les infusions.

MORTIER ET PILON

Si vous souffrez d'une affection chronique ou grave ou en l'abscence de diagnostic, consultez d'abord un praticien de médecine conventionnelle ou parallèle (homéopathe, osthéopathe ou phytothérapeute) avant de tenter de vous soigner vous-même.

TEINTURES

Les plantes en poudre, fraîches ou séchées, macèrent quelque temps dans l'alcool dans un récipient hermétique.

1 *Pour fabriquer soi-même une teinture, écraser des plantes (environ 25 g) et laisser macérer environ deux semaines dans l'alcool (environ 600 ml d'alcool à 40°), en remuant de temps en temps. Pour les plantes séchées, utiliser 100 g de plantes avec la même quantité d'alcool.*

2 *Filtrer, puis conserver le liquide ou la teinture dans un bocal hermétique en verre foncé. Le dosage est en général de 5 à 20 gouttes, pures ou diluées dans l'eau.*

DÉCOCTIONS

On utilise les racines, les branches, les fruits, les graines ou l'écorce de la plante. Méthode s'apparentant à la préparation d'une infusion.

1 Faire bouillir les parties de la plante dans l'eau pour extraire les composants.

2 Filtrer le liquide et boire avec un peu de miel ou de sucre roux selon la prescription. Les décoctions se conservent environ trois jours au réfrigérateur.

INFUSIONS

Les infusions se fabriquent avec des plantes séchées ou parfois fraîches, qui reposent 10 mn dans l'eau bouillante.

1 Laisser le couvercle sur le récipient et utiliser l'eau la plus pure possible, pour préserver les propriétés médicinales de la plante. Confectionner éventuellement des sachets avec des carrés de mousseline cousus sur trois côtés. Remplir et coudre le dernier côté.

2 Filtrer l'infusion et boire chaud ou froid, avec ou sans sucre. Préparer si possible les infusions chaque jour. Choisir de préférence les feuilles et les fleurs pour les infusions – leurs propriétés sont plus faciles à extraire dans de l'eau légèrement bouillie.

TISANES

SACHET DE TISANE

Les tisanes sont des infusions légères, généralement préparées et vendues en sachets, qui doivent reposer moins longtemps que les infusions. La camomille vendue dans les supermarchés peut être considérée comme une tisane.

POUDRES

Les plantes en poudre peuvent s'ajouter telles quelles dans la nourriture ou les boissons, ou être consommées sous forme de gélules. Pour fabriquer soi-même une poudre, écraser la plante séchée avec un mortier et un pilon, ou hacher finement dans un mixer ou un moulin à café.

PILULES ET GÉLULES À BASE DE PLANTES

PILULES

Les remèdes à base de plantes sont moins répandus sous forme de pilules, car plus difficiles à fabriquer. Les plus courants sont en vente dans les boutiques de diététique, mais on peut aussi les préparer soi-même avec une presse.

COMPRESSES ET CATAPLASMES

À usage externe, compresses et cataplasmes sont très efficaces, car les parties actives de la plante atteignent les zones affectées du corps sans être transformées par les voies digestives.

Un cataplasme se prépare avec une plante écrasée et s'applique directement sur la zone affectée. Faire bouillir les parties écrasées de la plante pendant quelques minutes pour obtenir une pulpe, ou mélanger des herbes en poudre avec de l'eau bouillante. À appliquer sur les contusions, blessures et abcès, dont ils extraient les impuretés.

Pour fabriquer une compresse, faire tremper un morceau de coton ou de mousseline dans une infusion ou une décoction. Poser ensuite sur la zone affectée et maintenir avec un bandage ou une enveloppe en plastique. Les compresses s'utilisent chaudes ou froides et sont généralement plus douces que les cataplasmes.

PRÉPARER LES REMÈDES

POMMADES ET CRÈMES

Pommades et crèmes sont souvent prescrites pour un usage externe. Pour les fabriquer soi-même, faire bouillir les parties de la plante et ajouter un peu d'huile pure (olive ou tournesol), puis laisser frémir jusqu'à absorption totale de l'eau. Ajouter un peu de cire d'abeille ou de beurre de cacao pour obtenir une crème, ou laisser durcir au bain-marie. Crèmes et pommades doivent être conservées au réfrigérateur pour préserver leur fraîcheur et leur efficacité.

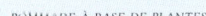

POMMADE À BASE DE PLANTES

ESSENCES DE FLEURS

Les essences de fleurs, vendues en flacons, sont des formules concentrées à partir desquelles on peut fabriquer des remèdes selon ses besoins. Elles doivent toujours être utilisées sous forme diluée. Un remède peut contenir jusqu'à six formules concentrées. Sélectionner les concentrés nécessaires, verser quatre gouttes de chaque dans un flacon propre de 30 ml, ajouter de l'eau et une cuillerée à café de cognac comme conservateur. Remuer soigneusement et étiqueter. Consulter un praticien pour avoir des informations détaillées sur la fabrication des essences de fleurs, les associations possibles et les affections qu'elles soignent.

ESSENCE DE FLEURS

HUILES ESSENTIELLES

Souvent employées en aromathérapie, les huiles essentielles d'une plante sont celles qui contiennent les composants les plus actifs. Elles peuvent être obtenues par distillation à la vapeur, mais il est plus facile de les acheter. Elles servent à la préparation des teintures et pommades.

DILUTIONS

Beaucoup d'huiles à base de plantes peuvent s'appliquer pures sur une affection externe. D'autres doivent être diluées avec des huiles (dans le cas d'huiles essentielles), avec de l'eau (dans le cas de certaines teintures) ou d'autres liquides ou crèmes.

CRÈME À LA ROSE

Autres formes de traitement

IL EXISTE D'AUTRES FORMES *de traitement doux qui peuvent être appliquées chez soi en toute sécurité. Pour fabriquer une essence de fleurs, mettre des fleurs dans un bol en verre rempli d'eau de source et laisser plusieurs heures au soleil pour que l'énergie de la fleur soit libérée dans l'eau.*

INHALATIONS
Faire des inhalations en utilisant quelques gouttes d'huile essentielle.

DIFFUSEURS ET VAPORISATEURS
Ils diffusent le parfum naturel des huiles essentielles ou des plantes, tout en libérant leurs vertus thérapeutiques. Les diffuseurs peuvent fonctionner à l'électricité, avec des bougies, ou se présenter sous la forme de cercles de céramique qui chauffent sur une ampoule électrique.

AROMATHÉRAPIE

VAPORISATEUR

MASSAGES
L'association du toucher et des vertus thérapeutiques des huiles essentielles stimule la circulation et libère les tensions musculaires. Les massages permettent aussi aux huiles ou préparations à base de plantes de pénétrer dans la peau et dans le sang.

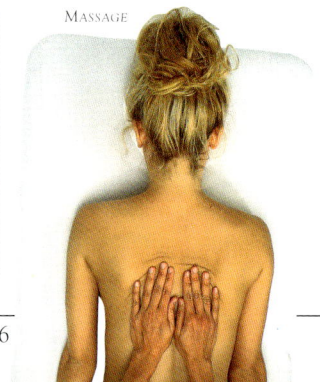

MASSAGE

Préparation à base de plantes dans de l'huile

BAINS

Plantes, aliments et huiles s'ajoutent dans le bain pour traiter le corps entier, ou dans les bains destinés aux soins des pieds ou du visage.

USAGE INTERNE

Certains remèdes peuvent être pris en voie interne. Consulter un praticien en cas de doute. En règle générale, les huiles essentielles ne s'absorbent pas en voie orale. De nombreuses plantes peuvent être toxiques en fortes doses.

ATTENTION

Ne jamais prendre par voie interne un remède réservé à un usage externe.

LÉGENDE DES REMÈDES

Ces symboles figurent sur les pages suivantes.

Bain — Bain de bouche — Bain de pieds

Bain d'yeux — Boire — Cataplasme

Compresse — Sur un coton humide — Crème ou lotion

Sur une brosse à dents — Douche — Gargarisme

Inhalation — Manger — Massage

Pommade — Utiliser pur — Shampooing

Sirop — Autre traitement — Vaporisateur

LES REMÈDES DE DAME NATURE

Le vinaigre
ACIDE ACÉTIQUE

VINAIGRE

L<small>E</small> <small>VINAIGRE</small> <small>S'EMPLOIE</small> <small>COURAMMENT</small> *pour conserver les plantes. Riche en propriétés médicinales, il est utilisé en usage interne et externe. Quelques gouttes dans l'eau du bain régularisent les problèmes de peau et soulagent le muguet.*

Propriétés et usages
- Antiseptique et astringent, le vinaigre est excellent pour le traitement des infections urinaires.
- Antifongique, il s'utilise dans le traitement du muguet.
- Le vinaigre de cidre est un bon tonique, qui soulage les maux de gorge.

 Absorbé chaud avec un peu de miel, le vinaigre traite les troubles digestifs et les infections urinaires.

 Des applications de vinaigre sur les piqûres évitent l'enflure et soulagent.

 En cas de toux, rhumes et infections, boire une tasse d'eau chaude additionnée de deux cuillerées à soupe de vinaigre et d'un peu de miel. L'arthrite et l'asthme se traitent de la même manière, en ajoutant un peu plus de vinaigre.

 Des applications de vinaigre de cidre soignent les mycoses, la teigne et l'eczéma.

 Pour traiter le muguet, boire tous les jours du vinaigre. Des applications de vinaigre additionné d'eau chaude à l'extérieur du vagin soulagent les démangeaisons.

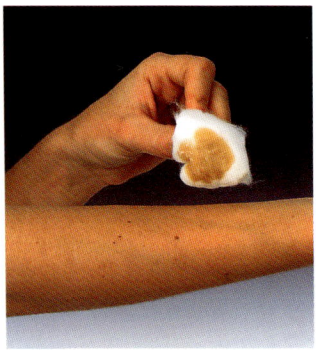

CI-DESSUS *Appliquer un morceau de coton imbibé de vinaigre sur les piqûres de guêpes.*

L'oignon

ALLIUM CEPA

Le bulbe de l'oignon s'utilise en cuisine et en médecine. Comme l'ail, il réchauffe le corps et stimule la circulation. L'oignon a toujours été considéré comme l'un des principaux remèdes naturels.

OIGNON

Propriétés et usages
- L'oignon déclenche les larmes, qui libèrent les toxines.
- Il stimule la circulation et détend les muscles.
- Expectorant, antiseptique et diurétique.
- Réduit le cholestérol après absorption importante de graisses.

REMÈDES MAISON

 Le jus d'oignon mélangé à du miel soulage les rhumes.

 L'oignon s'utilise en cataplasmes dans le traitement de la bronchite, de l'acné et des furoncles.

 L'oignon est recommandé, qu'il soit cuisiné ou seulement cru, en cas d'infections gastriques.

 Des cataplasmes d'oignon soignent les maux d'oreilles.

 Appliquer des oignons crus, macérés, sur les entorses, contusions, engelures.

 Consommer régulièrement de l'oignon en cas de problèmes cardiaques ou circulatoires.

À GAUCHE
Les cataplasmes d'oignons grillés soulagent les maux d'oreilles.

AIL

L'ail

ALLIUM SATIVUM

GOUSSE D'AIL

De la même famille que l'oignon, l'ail est l'une des plantes médicinales les plus connues et les plus utilisées. Il se caractérise par son odeur forte, mais possède de nombreuses vertus thérapeutiques et préventives.

Propriétés et usages
- L'ail est un antiseptique, doté de propriétés antibiotiques et antifongiques.
- Antioxydant, décongestif.
- Réduit l'hypertension.
- Contribuerait à la prévention de certains cancers, en particulier celui de l'estomac.
- Soigne les troubles de l'estomac et du système respiratoire.
- Prévient les maladies cardiaques et réduit les risques d'artériosclérose.

SIROP D'AIL

Réunir six à huit gousses d'ail frais haché dans un bocal et couvrir avec huit cuillerées à soupe de miel liquide. Laisser reposer plusieurs jours, puis filtrer. Cette préparation renforce le système immunitaire et soigne les infections (une cuillerée à café pour les enfants, quatre pour les adultes).

SIROP D'AIL

 L'ail frais, consommé régulièrement, réduit le besoin d'antibiotiques.

 Le sirop d'ail s'utilise dans le traitement de la bronchite, des infections pulmonaires et des troubles digestifs.

 L'ail prévient les crises d'asthme et le rhume des foins.

 Frictionner l'huile sur la poitrine en cas de troubles digestifs ou respiratoires, introduire dans l'oreille pour traiter les inflammations.

 Le jus d'ail frais est un antifongique, qui s'applique pur sur les affections dues aux champignons comme la mycose.

 Mâcher des gousses d'ail grillées pour stimuler la circulation.

 Pour nettoyer les intestins, ajouter de l'ail cru et écrasé dans les salades.

Le céleri

APIUM GRAVEOLENS

CÉLERI — GRAINES DE CÉLERI

HIPPOCRATE, *père de la médecine, écrivit que le céleri avait des vertus apaisantes pour les nerfs – sans doute en raison de son contenu élevé en calcium. Les graines, les feuilles et la racine sont comestibles.*

Propriétés et usages
- Réduit l'hypertension.
- Propriétés anti-inflammatoires et digestives, réduisant les spasmes intestinaux.
- Recommandé dans le traitement de l'arthrite et des rhumatismes. Au Japon, on conseille aux rhumatisants un régime à base de céleri uniquement.
- Les graines ont une action anti-inflammatoire.
- Stimule les glandes thyroïde et pituitaire.
- Antioxydant.
- Élimine l'acide urique des articulations douloureuses.
- Diurétique doux, agissant sur les reins.

ATTENTION

Le céleri provoquant des contractions de l'utérus, il est déconseillé pendant la grossesse.

REMÈDES MAISON

- Le céleri cru, râpé, s'utilise comme cataplasme sur les glandes enflées.

- Macérer deux cuillères à soupe de graines de céleri écrasées dans 600 ml de cognac. Absorber une cuillère à soupe mélangée avec deux cuillères à soupe d'eau trois fois par jour pour les reins.

- Consommer régulièrement du céleri cru, entier, pour réduire l'hypertension et renforcer le fonctionnement du foie.

- Le jus de céleri et l'infusion de graines de céleri soulagent la sciatique.

- Boire du jus de céleri avant les repas pour couper l'appétit. Mâcher des graines de céleri après les repas comme digestif.

- La racine de céleri est considérée comme un aphrodisiaque.

JUS DE CÉLERI

LES REMÈDES DE DAME NATURE

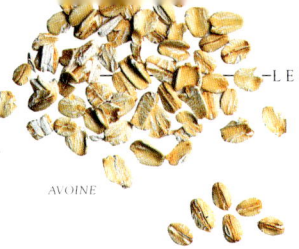

AVOINE

L'avoine

AVENA SATIVUM

L'AVOINE EST UNE CÉRÉALE *très nourrissante, offrant de riches propriétés thérapeutiques. C'est l'une des meilleures sources d'inositol, qui normalise le taux de cholestérol dans le sang. Consommée quotidiennement, elle possède de nombreuses vertus préventives.*

Propriétés et usages
- Très riche en vitamines B et en minéraux.
- Cet antidépresseur soigne la dépression, le stress et les troubles nerveux. Recommandé dans le traitement des états de dépendance.
- Tonique conseillé pour traiter les états de faiblesse, notamment l'anorexie, la fatigue, la convalescence.
- Diminue le taux de cholestérol dans le sang.
- Régularise l'activité hormonale.
- Purifiant interne et externe. Préviendrait le cancer de l'intestin lorsqu'elle est absorbée par voie orale.
- Traite l'eczéma.

À DROITE *La bouillie d'avoine consommée tous les jours au petit déjeuner constitue un apport précieux pour l'organisme.*

REMÈDES MAISON

En compresses ou dans le bain, l'avoine soigne l'eczéma et les problèmes de peau.

Faire bouillir quelques minutes une cuillère à soupe d'avoine dans 300 ml d'eau, puis égoutter. Cette préparation fortifie le système nerveux.

La teinture traite les états de dépendance, les troubles de l'appétit et les états dépressifs.

L'avoine crue soulage la constipation.

L'avoine cuite est idéale en cas de fatigue.

Le chou

BRASSICA OLERACEA

LE CHOU EST UTILISÉ *traditionnellement à des fins alimentaires et médicinales. Il contient des substances chimiques qui pourraient prévenir le cancer. Les Grecs anciens soignaient les yeux irrités ou infectés avec du jus de chou blanc.*

CHOU

Propriétés et usages
- Soulage les migraines et les douleurs dues aux rhumatismes.
- Excellent anti-inflammatoire.
- Calme l'eczéma et autres problèmes de peau tels que les démangeaisons.
- Soigne les infections.
- Les feuilles de chou rouge servent à la préparation d'un excellent sirop contre la toux.

ATTENTION

Le chou rouge cru est déconseillé aux personnes souffrant d'un goitre ou prenant des antidépresseurs IMAO.

A GAUCHE
Préparation d'un cataplasme de chou.

REMÈDES MAISON

La consommation régulière de chou contribuerait à prévenir le cancer.

Les cataplasmes de chou soignent les furoncles et les plaies infectées.

Les feuilles de chou macérées sont excellentes appliquées sur les contusions et les zones enflées.

Appliquer du jus de chou blanc sur les aphtes et utiliser en gargarisme en cas de mal de gorge.

Une compresse de chou chaude, appliquée sur la zone affectée, soulage les migraines et certaines névralgies.

L'absorption de jus de chou frais réduit les douleurs dues aux ulcères gastriques et soigne les infections pulmonaires. Pour soulager la mastite, appliquer une feuille de chou légèrement écrasée sur le sein.

LES REMÈDES DE DAME NATURE

Le souci

CALENDULA OFFICINALIS

SOUCI

PÉTALES DE SOUCI

CETTE FLEUR DE JARDIN *très répandue possède des vertus thérapeutiques exceptionnelles et s'utilise dans de nombreuses branches de la médecine comme l'homéopathie. En médecine, elle porte le nom de* Calendula.

Propriétés et usages
- Reconstituant.
- Antiseptique, efficace dans la guérison des plaies.
- Relaxant.
- Cicatrisant – en usage interne et externe.
- Anti-inflammatoire.
- Recommandé pour traiter les problèmes de peau et troubles de la vue.
- Remarquable cicatrisant pour les plaies et blessures.
- Selon les anciens devins, le *calendula* favorise les rêves prémonitoires et leur réalisation.

Le *calendula* est un important remède homéopathique, recommandé dans le traitement des blessures. Prendre trois fois par jour jusqu'à guérison, et nettoyer avec une teinture mère homéopathique, diluée dans l'eau.

Appliquer la teinture ou l'infusion en compresses sur les furoncles, boutons, blessures enflammées, varices douloureuses et yeux irrités.

Boire une infusion en cas de coliques et de douleurs.

Utiliser en bain de bouche et gargarisme en cas de maux de gorge, angines, infections chroniques des oreilles, aphtes et autres affections buccales.

Appliquer une crème au *calendula* sur les éruptions cutanées, coupures, éraflures, l'eczéma et les champignons.

Appliquer une pommade au *calendula* ou l'huile sur les lèvres et mains abîmées ou gercées.

REMÈDES MAISON

FLEUR DE CAMOMILLE

La camomille

CHAMOMILLA RECUTITA

L'UNE DES PLANTES AUX VERTUS LES PLUS RICHES, *la camomille s'utilise en médecine depuis plus d'un millénaire. Ses propriétés thérapeutiques sont excellentes pour traiter les problèmes de peau, dont l'eczéma. Elle s'emploie aussi en cas de fièvre, notamment chez les enfants.*

Propriétés et usages
- Combat les microbes et les parasites, en usage interne et externe.
- Soigne les troubles digestifs.
- Anti-inflammatoire, notamment pour les problèmes de peau.
- Antispasmodique.
- Remède homéopathique conseillé en cas de névralgies aiguës, douleurs dentaires, articulaires et musculaires, règles abondantes ainsi, que lors des accouchements. L'huile essentielle de camomille est idéale pour les massages. Elle contribue à la détente, au bien-être et soigne les insomnies chroniques.

REMÈDES MAISON

 Boire régulièrement une infusion de camomille pour réduire la tension nerveuse et le stress ; en boire trois fois par jour en cas d'insomnies et de migraines.

 Boire une infusion après les repas pour les troubles digestifs.

 Utiliser l'infusion en gargarisme pour prévenir les affections des gencives et traiter les aphtes.

 Appliquer l'infusion sur les yeux en cas de conjonctivite et de fatigue des yeux.

 L'infusion de camomille soulage les problèmes dentaires et digestifs chez les enfants.

 Le rinçage des cheveux clairs avec de la camomille fait ressortir les reflets naturels.

 Une poignée de camomille dans l'eau du bain produit un effet relaxant.

Le citron

CITRUS LIMON

CITRON

FEUILLES DE CITRONNIER

Riche en vitamine C, *le citron a un effet dépuratif sur le système digestif. Il possède des vertus thérapeutiques variées. On utilise les feuilles du citronnier ou le fruit entier, selon les besoins.*

Propriétés et usages
- Améliore la capacité du corps à éliminer les toxines. Recommandé pour l'acné et les furoncles.
- L'un des astringents naturels les plus puissants pour coupures et éraflures.
- Propriétés antibactériennes et antivirales ; excellent pour arrêter la progression des infections.
- Indiqué dans le traitement des infections de la vessie et des reins.

BOISSON AU CITRON

HUILE ESSENTIELLE

Excellent tonique pour le système circulatoire, l'huile essentielle de citron améliore aussi la santé des cheveux. Purifiante, elle s'attaque aux parasites, bactéries, champignons et virus. Elle est indiquée dans le cas d'infections respiratoires et pour soigner les rhumes et la grippe (en vaporisations).

REMÈDES MAISON

Le citron renforce le système immunitaire et élimine les symptômes de la grippe et des rhumes. Il est également indiqué dans le traitement d'autres infections. Laisser infuser trois ou quatre rondelles de citron dans 600 ml d'eau ; faire bouillir à découvert jusqu'à ce que le liquide réduise de moitié. Ajouter un peu de miel pour adoucir.

Les gouttes de citron sur des piqûres soulagent la douleur.

Le citron est recommandé dans le traitement des hémorroïdes, calculs rénaux et biliaires, varices.

Verser plusieurs fois par jour quelques gouttes de jus de citron pur sur les plaies froides.

Une goutte de jus de citron sur les aphtes de la langue et de la bouche contribue à leur guérison.

LE PAMPLEMOUSSE

QUARTIER DE PAMPLEMOUSSE

Le pamplemousse

CITRUS PARADISI

COMME TOUS LES AGRUMES, *le pamplemousse est riche en vitamine C et en potassium. C'est un excellent dépuratif pour le système digestif et urinaire. Sa peau possède de nombreuses propriétés thérapeutiques. L'huile essentielle de pamplemousse est très prisée en aromathérapie.*

Propriétés et usages
- Nettoie le système digestif et urinaire. Recommandé par les naturopathes.
- Renforce le système respiratoire et aide la respiration.
- Fortifiant.
- Soulage les symptômes de la grippe et des rhumes.
- Recommandé dans le traitement de l'ostéo-arthrite.
- Équilibre le système nerveux.

HUILE ESSENTIELLE

Le pamplemousse est excellent pour le foie, les migraines, la constipation et les troubles dus à l'excès d'alcool. Il renforce l'immunité contre les rhumes.

PAMPLEMOUSSE

REMÈDES MAISON

 La consommation régulière de jus de pamplemousse embellit la peau, favorise la digestion et renforce l'activité urinaire.

 Les massages à l'huile de pamplemousse aident à traiter les états dépressifs et renforcent le système immunitaire.

 Des massages locaux avec quelques gouttes d'huile essentielle dans une huile de support soulagent les migraines.

 La consommation de jus de pamplemousse associée à du fer augmente l'assimilation du fer par le corps.

 Élimine les toxines du foie et soulage les affections chroniques du foie. Réduit les troubles dus à l'excès d'alcool.

 Utilisée en inhalation ou brûlée, l'huile de pamplemousse soigne les rhumes, la grippe et les problèmes respiratoires.

LES REMÈDES DE DAME NATURE

Le concombre

CUCUMIS SATIVIS

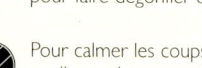

GRAINES DE CONCOMBRE

LE CONCOMBRE *s'utilise dans la médecine populaire pour réduire les inflammations. C'est une riche source de vitamine C et il s'emploie en usage externe pour son action purifiante et rafraîchissante.*

CONCOMBRE

Propriétés et usages
- Diurétique.
- Purifiant, notamment dans le cas de problèmes de peau.
- S'utilise dans le traitement de la goutte et de l'arthrite.
- Anti-inflammatoire ; calme les inflammations de la peau.
- Indiqué dans le traitement des troubles pulmonaires.
- La consommation de jus de concombre traite les états inflammatoires, comme l'arthrite.

TRANCHES DE CONCOMBRE

À GAUCHE **Pour apaiser les yeux, rester étendu pendant une demi-heure avec une tranche de concombre sur chaque œil.**

 Appliquer en tranches sur les yeux fatigués ou enflammés pour faire dégonfler et apaiser.

 Pour calmer les coups de soleil, appliquer du concombre frais ou du jus de concombre.

 Les graines de concombre séchées et pilées s'utilisent dans le traitement du ver solitaire.

 Le jus de concombre bu quotidiennement soigne l'eczéma, l'arthrite et la goutte. C'est un diurétique doux.

 Sa consommation est bénéfique à la peau.

 Le jus de concombre active les reins.

 Une pommade au concombre en usage externe soigne les états inflammatoires de la peau.

REMÈDES MAISON

EUCALYPTUS

L'eucalyptus

EUCALYPTUS GLOBULUS ; EUCALYPTUS CITRIODORA

L'EUCALYPTUS *s'appelle également gommier. Ses feuilles et ses branches les plus vieilles produisent une huile essentielle d'une grande richesse.*

FEUILLES D'EUCALYPTUS

Propriétés et usages
- Antibiotique puissant, qui renforce le système immunitaire.
- Excellent expectorant, notamment dans le cas de gros rhumes.
- Recommandé dans le cas d'affections musculaires et articulaires, des simples douleurs à l'arthrite.
- Excellent dans le cas d'infections gastriques, notamment en association avec le fenouil.
- Abaisse la température du corps ; s'utilise comme fébrifuge.
- Désinfectant.

ATTENTION

À utiliser avec précaution pendant la grossesse ou chez les bébés. Agit à doses faibles.

À DROITE *Quelques gouttes d'huile d'eucalyptus dans des bains de pieds permettent de traiter une mycose.*

REMÈDES MAISON

 Des inhalations d'huile essentielle d'eucalyptus traitent les pneumonies, les bronchites, l'asthme, les rhumes et la grippe ; elles ouvrent les voies respiratoires.

 Utiliser une ou deux gouttes d'huile essentielle en massages pour les états rhumatismaux.

 Diluer et employer en usage externe pour les infections de la peau ; ses propriétés antibiotiques traitent les infections.

 Appliquer l'huile pure sur les piqûres d'insectes pour soulager.

 Quelques gouttes d'huile dans un bain de pied pour traiter une dermatose mycosique.

 Verser une goutte d'huile dans le shampooing pour débarrasser les cheveux des lentes. Utiliser régulièrement pour les récidives.

LES REMÈDES DE DAME NATURE

Le clou de girofle
EUGENICA CARYOPHYLLATA

CLOUS DE GIROFLE

F RUIT D'UNE PLANTE AROMATIQUE, *le clou de girofle offre une diversité d'usages culinaires et médicinaux. Séché, le clou s'achète dans les supermarchés, l'huile essentielle en pharmacie.*

CI-DESSUS *Frictionner les gencives avec de l'huile de girofle pour soulager les douleurs dentaires.*

Propriétés et usages
- Antiseptique et analgésique ; soulage les douleurs dentaires.
- Recommandé pour son action réchauffante aux personnes sujettes aux rhumes.
- Régularise le système digestif.
- Anti-inflammatoire à utiliser localement sur les zones enflées.
- Élimine les parasites du corps.

CI-DESSOUS
L'inhalation d'une infusion de girofle nettoie les poumons et procure une sensation de fraîcheur.

ATTENTION

Les clous de girofle pouvant entraîner des contractions de l'utérus, ne pas utiliser sous quelque forme que ce soit pendant la grossesse.

REMÈDES MAISON

Frictionner les gencives avec l'huile de girofle.

Appliquer un peu d'huile pure sur les piqûres.

L'infusion de girofle déclenche le phénomène de transpiration, très utile dans le cas de fortes fièvres et de vomissements.

L'huile de girofle peut accélérer le processus d'accouchement.

L'infusion de girofle réduit les gaz et soulage les nausées, notamment celles dans les transports.

Une orange piquée de clous de girofle chasse les insectes dans les placards.

Laisser frémir des clous de girofle dans de l'eau bouillante. Filtrer et employer le liquide comme sédatif.

Le fenouil

FOENICULUM VULGARE

Le FENOUIL *est une plante aromatique à usage culinaire, cosmétique et médicinal. Les graines, les racines et les feuilles se consomment pour leurs propriétés digestives et diurétiques.*

FENOUIL

Propriétés et usages
- Recommandé pour traiter des affections des systèmes digestif et respiratoire (pour la toux et les rhumes, les gaz intestinaux et les coliques).
- Le fenouil aide à expulser les gaz des intestins.
- Laxatif doux.
- Expectorant doux.
- Favorise la lactation chez les mères qui allaitent.
- Anti-inflammatoire, souvent utilisé dans les affections oculaires.
- L'huile essentielle de fenouil est une huile douce, réchauffante, recommandée dans le cas de troubles digestifs. Certains thérapeutes l'utilisent comme antidépresseur.

ATTENTION

L'huile de fenouil est déconseillée aux femmes enceintes.

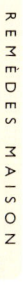

REMÈDES MAISON

 L'infusion à base de graines de fenouil facilite la digestion et réduit les ballonnements.

 Le sirop de fenouil s'utilise dans le traitement de la toux et des affections respiratoires.

 Le fenouil frais et séché améliore le fonctionnement du foie.

 Le fenouil frais est un diurétique qui nettoie le foie, la rate, la vésicule biliaire et le sang. En consommer souvent dans les salades et les soupes.

 L'infusion de fenouil s'utilise comme gargarisme.

 L'huile de fenouil, mélangée au miel, soigne les rhumes.

 Laisser bouillir les graines pour faire des bains d'yeux en cas de conjonctivite, inflammations ou irritations.

FENOUIL EN GARNITURE

LES REMÈDES DE DAME NATURE

La réglisse

RACINES DE RÉGLISSE

GLYCYRRHIZA GLABRA

LA RÉGLISSE *est une jolie plante vivace, à fleurs bleues, qui pousse principalement en Europe. La substance sucrée, que l'on extrait des racines, s'utilise en médecine et comme condiment. La racine est considérée comme un aphrodisiaque.*

Propriétés et usages

- Expectorant et anti-inflammatoire, pour les toux persistantes et les infections pulmonaires.
- Laxatif doux.
- Tonique surrénal.
- Élimine les toxines du corps ; en Extrême-Orient, la réglisse sert à débarrasser le corps de la salmonelle ou des drogues.
- Utilisée dans le traitement de l'hypotension.
- Prévient les sécrétions gastriques ; utile dans le traitement des ulcères gastriques.
- Stimule le fonctionnement des reins et des intestins.

ATTENTION

Consommée en fortes doses, la réglisse peut entraîner de la rétention d'eau et aggraver l'hypertension. À éviter pendant la grossesse.

REMÈDES MAISON

De fortes infusions de réglisse préviennent et soignent les ulcères. En boire trois fois par jour.

La réglisse associée à d'autres infusions apaisantes soigne les troubles gastriques, stimule le fonctionnement des reins et des intestins.

Le sirop de réglisse s'utilise pour traiter les toux persistantes et réduire la gravité des crises d'asthme.

À utiliser avec d'autres plantes fortifiantes, comme le ginseng, en cas de grande fatigue.

Les crèmes et pommades soignent le psoriasis et autres affections de la peau.

FEUILLES DE RÉGLISSE

L'hamamélis

HAMAMELIS VIRGINIANA

L'HAMAMÉLIS EST UN ARBRISSEAU *à feuilles caduques, originaire d'Amérique. Ses feuilles, son écorce et ses racines s'utilisent à des fins médicinales en raison de leurs propriétés anti-inflammatoires.*

FEUILLES D'HAMAMÉLIS

Propriétés et usages
- Apaise les zones enflées et les inflammations, diminue les saignements.
- Favorise la guérison des contusions, entorses et hémorroïdes saignantes.
- Antiseptique ; en soin du visage ; en dilution pour soigner les coupures et écorchures.

REMÈDES MAISON

 Applications externes (en décoction, teinture ou crème) sur les contusions, hémorroïdes et varices.

 Utiliser en compresses sur les entorses et les foulures.

 Diluer un volume d'hamamélis pour vingt d'eau bouillie, refroidie, et utiliser pour nettoyer les yeux irrités et enflammés.

 Ajouter dans le bain pour réduire les douleurs dues aux états rhumatismaux.

HOMÉOPATHIE

L'hamamélis en remède homéopathique agit principalement sur les veines et les artères — hémorroïdes, saignements de nez, varices, hémorragies.

— LES REMÈDES DE DAME NATURE —

ORGE

L'orge

HORDEUM SATIVUM VULGARE

ORGE AU CITRON

RICHE EN MINÉRAUX *(calcium et potassium)* et en vitamines B, l'orge est recommandée aux convalescents. Elle est très prisée depuis des millénaires pour ses vertus reconstituantes.

Propriétés et usages
- Nourrissante.
- Anti-inflammatoire, notamment pour les voies urinaires et digestives.
- Recommandée dans le traitement des troubles respiratoires.
- Consommée quotidiennement, elle abaisse le taux de cholestérol dans le sang.

EAU D'ORGE

Verser deux cuillerées à soupe d'orge perlée dans 600 ml d'eau et faire bouillir 10 mn. Filtrer, puis ajouter l'orge dans 600 ml d'eau fraîche. Laisser bouillir 10 mn. Filtrer et servir l'eau chaude ou froide, avec du citron et du miel.

EAU D'ORGE CHAUDE

REMÈDES MAISON

 L'eau d'orge soulage les toux sèches et irritantes.

 L'eau d'orge s'utilise dans le traitement de la cystite et des infections urinaires. Elle soulage les ballonnements et les coliques.

 L'orge cuite, nourrissante, se digère facilement. C'est un remède traditionnel contre la constipation et la diarrhée.

 Absorbée deux fois par jour pendant un mois, l'eau d'orge réduit les acides de la rate.

 Des cataplasmes de farine d'orge diminuent les inflammations de la peau.

 L'orge régularise la tension artérielle et prévient les maladies cardiaques.

 Recommandée aux convalescents dans les soupes et ragoûts.

Le yaourt

YAOURT

LE YAOURT *est une riche source de protéines, ainsi que de vitamines et de minéraux normalement présents dans le lait. Entier (il contient des bactéries actives), il est recommandé pour augmenter le taux de bactéries saines dans le corps, qui aident à combattre les infections.*

Propriétés et usages
- Antifongique, le yaourt entier s'utilise dans le traitement du muguet.
- Le yaourt entier réduit le taux de cholestérol dans le sang.

CI-DESSOUS *Le yaourt appliqué sur le visage avec un coton sert de démaquillant.*

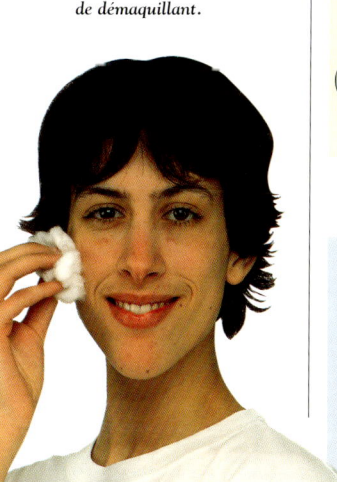

REMÈDES MAISON

Le yaourt se digère facilement et constitue un aliment idéal pour les malades, notamment parce qu'il est très nourrissant.

Appliquer du yaourt entier sur le muguet ; s'emploie comme douche en usage interne.

La consommation de yaourt préviendrait les maladies cardiaques.

Nettoyer la peau avec du yaourt, qui est un hydratant naturel.

ANTIBIOTIQUES

En prenant des antibiotiques, on tue en même temps les bactéries bonnes pour l'organisme. Pour renouveler la flore intestinale, consommer du yaourt entier chaque jour pendant quelques semaines.

LES REMÈDES DE DAME NATURE

La lavande

LAVANDULA VERA, LAVANDULA OFFICINALIS

L'UNE DES PLANTES *aux vertus les plus riches, la lavande s'utilise depuis longtemps en médecine et en cosmétique. La plante entière, aromatique, est employée pour les soins, mais seules les fleurs sont distillées pour fabriquer l'huile essentielle.*

LAVANDE

Propriétés et usages

- Antiseptique, réduit la gravité des infections urinaires et favorise la guérison.
- Antispasmodique, recommandé dans le traitement de l'asthme et de la toux.
- Antiseptique, traitement idéal pour la grippe, les rhumes et autres infections virales.
- Stimule le transit intestinal, soulage les coliques, les troubles de l'estomac, et les diarrhées, nausées et indigestions.
- Renouvelle les cellules de la peau ; traite des problèmes de peau (eczéma, psoriasis).
- Analgésique, pour les migraines et douleurs d'ordre neurologique.
- Remède contre l'hypertension, régularise les règles irrégulières. Conseillé pour le stress, les palpitations, les vertiges et états de faiblesse.

 Des fleurs de lavande dans un sachet de mousseline, dans l'eau du bain, apaisent les douleurs.

 Des compresses chaudes réduisent les inflammations et soulagent les douleurs.

 De l'huile pure sur les contusions, petites brûlures et piqûres d'insectes soulage la douleur.

 Quelques gouttes sur les tempes soignent la migraine.

 L'huile essentielle apaise les douleurs des névralgies et des rhumatismes.

 Quelques gouttes d'huile essentielle sur un mouchoir, près du lit, calment et favorisent le sommeil. La lavande est excellente pour les enfants dans le cas de troubles du sommeil et d'érythèmes fessiers (ajouter quelques gouttes dans une pommade à l'oxyde de zinc).

REMÈDES MAISON

La pomme

MALUS SPECIES

POMME

LA POMME *est prisée depuis longtemps en médecine traditionnelle. Les résultats des recherches scientifiques montrent qu'elle élimine les toxines et que le jus de pomme peut détruire les virus.*

Propriétés et usages
- Nettoie les dents et renforce les gencives.
- Abaisse le taux de cholestérol.
- Action antivirale.
- Élimine les toxines.
- Protège contre la pollution – en se mêlant aux toxines du corps et en les éliminant.
- Neutralise les indigestions.
- Prévient la constipation.
- Calmant et antiseptique.

ATTENTION

Consommés en grande quantité, les pépins de pommes peuvent être toxiques.

JUS DE POMME

La pomme a été considérée de tout temps comme un symbole de vie et d'immortalité. Dans les civilisations qui croient en la réincarnation, on enterre les défunts avec des pommes.

REMÈDES MAISON

 La consommation de pommes élimine les toxines, agit contre la goutte et les rhumatismes.

 Pour éviter que les virus ne s'installent, et les combattre, manger trois pommes (ou boire un verre de jus de pomme) par jour.

 Pour les entorses, appliquer des pommes pelées et râpées.

 Pour les indigestions, brûlures d'estomac et troubles digestifs, manger une pomme par repas.

 Deux pommes par jour réduisent le taux de cholestérol.

 Pour traiter les infections intestinales, l'enrouement, les rhumatismes et la fatigue, consommer jusqu'à 1 kg de pommes par jour.

 Une pomme râpée, mélangée à du yaourt, est recommandée en cas de diarrhée.

— LES REMÈDES DE DAME NATURE —

Le miel

RAYON DE MIEL.

EMPLOYÉ COMME ANTISEPTIQUE *depuis des siècles, en voie interne et externe, le miel est un fortifiant. Chaque pays, chaque région possède ses propres variétés de miel.*

Propriétés et usages

ABEILLE

- Sédatif.
- Nourrissant.
- Bactéricide, pour les infections internes et externes. Le miel non pasteurisé possède des propriétés antibiotiques actives.
- En cas de rhume des foins, consommer un peu de miel local pour développer une immunité au pollen des environs.

CI-DESSOUS *Le sirop de citron au miel est un remède au goût agréable contre la toux.*

- Appliquer des compresses de miel sur les coupures et contusions.
- Enduire la teigne de miel durci plusieurs fois par jour, sans couvrir.

 Le miel mélangé au vinaigre de cidre agit comme tonique. Cette préparation soulage également l'arthrite et réduit les dépôts d'arthrite.

 Une pommade au miel apaise les douleurs dues aux affections de la bouche et du vagin.

 L'eau de miel peut s'utiliser comme lotion pour les yeux (idéale pour la conjonctivite et autres infections oculaires).

 Les gargarismes à l'eau de miel apaisent les maux de gorge et les affections respiratoires.

 Le sirop de citron au miel est un remède contre la toux.

 Le miel est un excellent hydratant, qui peut s'utiliser comme masque facial revitalisant.

Le miel chaud mélangé dans du lait a un effet sédatif.

REMÈDES MAISON

MENTHE

La menthe

MENTHA PIPERITA

LA MENTHE est une plante rafraîchissante, éliminant les toxines, notamment celles du foie. Les feuilles de la plante s'utilisent aussi bien en médecine et en cuisine.

Propriétés et usages

- Soigne les intoxications alimentaires, diarrhées, coliques et grippes intestinales.
- Rafraîchissante, tonique ; soulage la migraine.
- Expectorant, antispasmodique, décongestif ; pour l'asthme, la bronchite, la sinusite, les rhumes et la toux.
- La menthe soulage les nausées.

ATTENTION

Ne pas consommer avant le troisième mois de la grossesse. L'huile essentielle est déconseillée pour les bébés, même si les feuilles de la plante peuvent être utilisées.

REMÈDES MAISON

 L'infusion de menthe soulage les indigestions, gaz, nausées, vomissements, le manque d'appétit, les douleurs abdominales, périodiques et biliaires.

 Quelques gouttes d'huile essentielle dans de l'eau chaude ou un bonbon à la menthe soulagent les nausées et les problèmes de digestion.

 Boire en infusion ou utiliser de manière externe en cas de rhumes, problèmes de sinus et nez bouché. Inhalations recommandées.

 L'huile est excellente en massages pour les douleurs musculaires et les membres ankylosés.

 Les massages sur l'estomac avec de l'huile de menthe soignent la diarrhée.

 Recommandée en bains de bouche et bains de pieds pour les pieds douloureux.

À DROITE
Infusion de menthe

— LES REMÈDES DE DAME NATURE —

CI-DESSUS *L'huile d'olive, ingrédient essentiel de la cuisine méditerranéenne.*

L'olivier

OLEA EUROPEA

L'OLIVIER, *arbre à feuilles persistantes, est originaire de la Méditerranée. Ses feuilles et l'huile de ses fruits s'utilisent en cuisine comme en médecine.*

Propriétés et usages

- Riche en vitamine C, l'huile d'olive contribue à baisser le taux de cholestérol dans le sang.
- Réduit le risque de problèmes circulatoires et de troubles nerveux.
- Traite les troubles intestinaux ; réduit la sécrétion de sucs gastriques.
- Contre la constipation.
- Apaise les démangeaisons dues à l'eczéma, hydrate la peau, les cheveux et le cuir chevelu.

REMÈDES MAISON

 Frictionner avec de l'huile d'olive l'eczéma, les pellicules et le psoriasis pour favoriser la guérison.

 Les olives et l'huile d'olive consommées régulièrement diminuent les risques de problèmes circulatoires et baissent le taux de cholestérol. L'huile provenant de la première pression des olives, ou huile extra vierge, est conseillée, car elle contient la plus forte concentration en éléments utiles.

 La consommation d'olives soulage la constipation.

ESSENCE DE FLEUR D'OLIVIER

Pour les personnes surmenées, qui manquent d'énergie, de force ou de goût pour la vie. Ce remède fortifiant reconstitue les forces de l'organisme. Recommandé aussi à ceux qui se sentent tendus intérieurement et aux convalescents.

À GAUCHE *Les olives offrent des propriétés médicinales variées et constituent aussi un ingrédient de base en cuisine.*

Le pain

LE PAIN, *notamment le pain complet, est une excellente source d'hydrates de carbone et de vitamines B. Ces vitamines maintiennent la santé du système nerveux et assurent le bon fonctionnement des différents systèmes de l'organisme.*

Propriétés et usages
- Nourrissant.
- Anti-inflammatoire.
- Styptique (arrête les saignements).

EMPLOI TRADITIONNEL

Traditionnellement, le pain s'utilise en cataplasmes sur les blessures pour arrêter les saignements.

PRÉPARATION D'UN CATAPLASME

Retirer la croûte et couper le pain en petits cubes. Mettre dans une casserole avec un peu d'eau ou de lait, et laisser frémir quelques minutes.

CI-DESSUS *Le pain complet est riche en fibres végétales, essentielles pour la santé des intestins.*

 Du pain froid, appliqué sur les yeux fermés, soigne les inflammations dues à la conjonctivite et apaise les démangeaisons.

 Appliquer un cataplasme de pain chaud sur les plaies infectées pour diminuer la douleur.

 Appliquer du pain frais sur les blessures superficielles.

 Appliquer un cataplasme de pain chaud sur les furoncles.

CI-DESSUS *Le pain constitue une part importante du régime alimentaire.*

LES REMÈDES DE DAME NATURE

L'avocat

PERSICA AMERICANA GRATISSIMA

AVOCAT

L'AVOCAT EST RICHE en *vitamines A, B, C, E, ainsi qu'en potassium. Il est considéré comme un aliment complet, car il contient des protéines, de l'amidon, et il est une bonne source d'acides gras mono-insaturés.*

Propriétés et usages
- Excellent reconstituant, pour les convalescents.
- Utilisé traditionnellement pour les problèmes d'ordre sexuel.
- Soigne les problèmes de peau.
- Antioxydant.
- Utilisé dans le traitement des problèmes circulatoires.
- Digestif.
- Bactéricide et antifongique.

ATTENTION

La consommation d'avocats et l'utilisation de produits à base d'avocats sont déconseillées aux personnes prenant des antidépresseurs IMAO.

À GAUCHE
Le masque à l'avocat soigne les problèmes de peau.

Appliquer une pommade à base d'avocat sur les éruptions cutanées et la peau desséchée.

L'huile d'avocat s'utilise en massages.

Appliquer la pulpe sur les écorchures et coupures superficielles, couvrir de gaze stérile pour favoriser la guérison.

Consommer en cas de problèmes digestifs et circulatoires.

La pulpe de l'avocat mûr apaise les coups de soleil. Frotter doucement les zones atteintes.

Pour préparer un masque facial, écraser un avocat mûr et mélanger un peu d'huile d'olive. Recouvrir le visage et les zones atteintes (plaques d'eczéma, par exemple), puis rincer au bout de 15 mn.

REMÈDES MAISON

Le romarin

ROSMARINUS OFFICINALIS

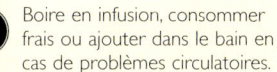

ROMARIN

LE ROMARIN *est une plante répandue, qui pousse facilement sur la plupart des sols. Elle se caractérise par ses feuilles en forme d'aiguilles, son odeur aromatique et ses jolies fleurs bleues.*

Propriétés et usages
- Rafraîchissant, le romarin stimule la circulation sanguine.
- Tonique doux et efficace, qui stimule et nourrit le système nerveux.
- Favorise la digestion, notamment des aliments gras comme l'agneau.
- Rincer les cheveux avec une infusion de romarin renforce leur éclat.

ATTENTION

Le romarin est déconseillé aux personnes souffrant d'hypertension.

À GAUCHE
Le romarin constitue un excellent gargarisme pour les maux de gorge.

REMÈDES MAISON

 Boire en infusion, consommer frais ou ajouter dans le bain en cas de problèmes circulatoires.

 En infusion ou en teinture pour les troubles dépressifs, migraineux et intestinaux.

 Consommer régulièrement en cas de troubles digestifs ou de la vésicule biliaire.

 En gargarismes pour les maux de gorge ; substitut de la sauge en cas de grossesse.

 Le vinaigre de romarin préserve la santé des cheveux et élimine les pellicules. Ajouter deux cuillerées à café dans l'eau de rinçage.

 En inhalation pour les sinus.

 Masser l'abdomen avec l'huile essentielle en cas de spasmes digestifs ainsi que les zones atteintes de cellulite.

La sauge
SALVIA OFFICINALIS

FEUILLE DE SAUGE

SAUGE ROUGE

C'EST LA SAUGE ROUGE *qui est utilisée à des fins thérapeutiques, mais l'espèce des jardins, verte, possède des propriétés semblables si on la fait pousser au soleil.*

Propriétés et usages
- Anti-inflammatoire.
- Contre les bouffées de chaleur pendant la ménopause.
- Renforce les poumons ; traiterait les problèmes respiratoires, dont l'asthme.
- Carminative ; pour les troubles digestifs.
- Tonique pour le système nerveux.
- Infusion forte ou teinture en gargarisme ou bain de bouche pour les maux de gorge, aphtes, laryngites, gencives enflammées.

ATTENTION

Déconseillée en doses homéopathiques aux femmes enceintes sujettes à l'épilepsie ou à l'hypertension. À éviter pendant l'allaitement.

À GAUCHE
L'absorption régulière d'infusion de sauge constitue un excellent fortifiant, notamment pour les femmes et personnes âgées.

REMÈDES MAISON

 En infusion en cas de bouffées de chaleur et pour arrêter la lactation.

 Boire en tisane ou en teinture en cas de troubles du système nerveux – dont les états dépressifs –, ainsi que pour les indigestions et autres troubles digestifs.

 En infusion ou en teinture en cas de transpiration nocturne.

 Utiliser en infusion pour la peau grasse et boutonneuse.

 Les infusions redonnent de l'éclat aux cheveux gris.

 Fortifiant, boire une tasse régulièrement ; recommandé aux femmes et personnes âgées.

L'huile essentielle de sauge réchauffe et s'utilise en massages pour soigner les rhumatismes et les rhumes.

Le sureau

SAMBUCUS NIGRA

LES FLEURS, LES FEUILLES ET LES BAIES *du sureau s'emploient à des fins médicinales. Les homéopathes utilisent* Sambucus nigra *pour traiter les affections qui s'accompagnent de forte transpiration ainsi que les grosses toux.*

FLEUR DE SUREAU

Propriétés et usages
- Sèche et fortifie la muqueuse nasale, les yeux et les sinus.
- Utilisé pour traiter la toux, les coliques, diarrhées, maux de gorge, l'asthme et la grippe.
- Diurétique et tonique pour les reins.
- Renforce les poumons contre les infections.
- Les baies sont laxatives.
- La pommade soigne l'érythème fessier et les problèmes de peau.
- En infusion légère pour les enfants, avec du miel, pour les rhumes et la respiration.
- La pommade aux feuilles de sureau soulage les hémorroïdes.
- Le vin de sureau est un remède traditionnel pour les névralgies et la sciatique.

REMÈDES MAISON

 Appliquer des compresses de sureau sur les yeux enflammés et douloureux, ainsi que sur les brûlures (dont les coups de soleil).

 L'infusion ou l'eau de sureau calme les problèmes de peau et peut également soulager les inflammations.

 Pour traiter la constipation, boire une infusion de baies chaude.

 Mélanger une infusion d'achillée, de sureau et de menthe contre la grippe.

 Boire la tisane ou absorber quelques gouttes de la teinture dans un peu d'eau chaude trois fois par jour en cas de troubles respiratoires (notamment rhumes et grippe).

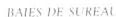
BAIES DE SUREAU

LES REMÈDES DE DAME NATURE

MOUTARDE

La moutarde

SINAPSIS ALBA, BRASSICA NIGRA

Les feuilles, *les fleurs, les graines et l'huile de la moutarde noire s'emploient à des fins médicinales. Seules les graines de la moutarde blanche sont utilisables.*

Propriétés et usages

- La moutarde noire et la moutarde blanche réchauffent ; elles soignent les infections et les congestions (congestions nasales et abcès, par exemple).
- La moutarde est recommandée en cas de troubles respiratoires et circulatoires.
- La farine de moutarde est un antiseptique et un désodorisant.
- L'huile de massage soulage les douleurs dues à l'arthrite.
- Expectorant et vomitif puissant.

REMÈDES MAISON

 Le bain de pieds à la moutarde (une cuillère à café de poudre de moutarde dans un bol d'eau chaude) est un remède contre les rhumes, les problèmes circulatoires et les maux de tête.

 Appliquer des cataplasmes sur la poitrine pour soulager les infections et les congestions.

 L'huile essentielle de moutarde s'emploie en usage externe pour les névralgies. Masser doucement la zone atteinte plusieurs fois par jour.

 Appliquer des cataplasmes de graines écrasées ou d'huile essentielle sur les zones affectées par les rhumatismes, la sciatique et le lumbago.

À GAUCHE
L'huile essentielle de moutarde soulage les névralgies.

ATTENTION

Utiliser les graines de moutarde avec précaution, car elles brûlent la peau. Éviter le contact avec les membranes muqueuses et les peaux sensibles.

GRAINES DE MOUTARDE NOIRE

Le bicabornate de soude

LE BICARBONATE DE SOUDE *est une poudre levante utilisée dans la fabrication des gâteaux. Il entre dans la préparation de nombreux remèdes et s'emploie seul pour ses propriétés calmantes et neutralisantes.*

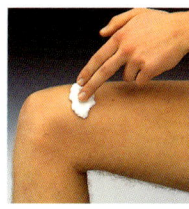

À DROITE
Application de pommade de bicarbonate de soude sur une piqûre.

Propriétés et usages
- Anti-inflammatoire, notamment dans le cas de problèmes de peau.
- Blanchit les dents. Réduit l'action des agents à l'origine de la mauvaise haleine.
- Ses propriétés alcalines neutralisent les acides.

ATTENTION

Déconseillé aux personnes sujettes à l'hypertension et aux problèmes cardiaques, ainsi qu'aux enfants.

CI-DESSUS
Le bicarbonate de soude se présente sous la forme d'une une poudre blanche.

REMÈDES MAISON

 Boire une cuillère à café de bicarbonate de soude diluée dans de l'eau toutes les trois heures en début de cystite.

 Appliquer une pommade à base de bicarbonate de soude et d'eau sur l'érythème fessier pour réduire les inflammations.

 Boire une solution de bicarbonate de soude et d'eau chaude (une cuillère à café pour 225 ml) pour les ballonnements et pour faciliter la digestion.

 En cas de piqûres, retirer le dard et appliquer une pommade de bicarbonate de soude et d'eau pour neutraliser l'effet.

 Le jus d'un demi-citron mélangé à une cuillère à café de bicarbonate de soude et d'eau chaude soulage les migraines. Boire toutes les 15 mn jusqu'à élimination de la douleur.

 Brosser les dents avec du bicarbonate de soude pour les blanchir.

LES REMÈDES DE DAME NATURE

Le pissenlit

FLEURS DE PISSENLIT

TARAXACUM OFFICINALIS

CONNUES PRINCIPALEMENT *pour leurs propriétés toniques et diurétiques, les feuilles, fleurs et racines du pissenlit constituent une base essentielle de la médecine par les plantes. Les feuilles fraîches entrent dans la composition des salades et sont très nourrissantes.*

Propriétés et usages

- Excellent diurétique et action tonique sur les reins.
- Dépuratif, qui neutralise les acides dans le sang.
- La décoction de racine de pissenlit a un effet tonique sur le foie ; recommandée dans le traitement des affections chroniques et aiguës du foie.
- La décoction de racine de pissenlit sert à traiter et à prévenir les calculs biliaires.
- Nourrissante, la plante est riche en vitamines et en minéraux.
- Stimule le métabolisme et la respiration cellulaire.
- Anti-inflammatoire, s'utilise dans le traitement de l'arthrite, de la goutte et de la mastite.
- Stimule le système digestif.

FEUILLE DE PISSENLIT

À GAUCHE *Le mot « pissenlit » renvoie aux propriétés diurétiques de la plante.*

REMÈDES MAISON

 Boire en infusion ou en décoction pour traiter la rétention d'eau.

 En usage régulier, la sève blanche et fraîche des tiges guérit les verrues.

 L'infusion soulage les douleurs de la cystite.

 L'infusion ou la décoction est recommandée dans le cas de maladies chroniques et graves, car elle aide le corps à compenser l'effet des médicaments forts.

 Appliquer localement pour traiter la mastite en association avec le souci.

 Boire des infusions de pissenlit prévient la douleur prémenstruelle.

 Les infusions de feuilles s'utilisent dans le traitement de l'arthrite et de la goutte.

L'ortie

URTICA DIOICA

Dénommée Urtica ou Urtica urens en médecine, l'ortie s'utilise pour soigner de nombreuses affections du corps ainsi qu'en cuisine. Riche en vitamines A, C et en fer, la plante est un excellent tonique.

Propriétés et usages
- L'ortie est diurétique et astringente.
- Purifie le corps en cas d'anémie (élimine les toxines).
- Apaise les enflures, ampoules, inflammations et éruptions cutanées.
- Améliore le métabolisme, recommandée pour les problèmes de poids.
- Stimule le fonctionnement du pancréas.
- Stimule la lactation chez les mères qui allaitent.
- Sert à traiter l'urticaire, la goutte, les infections urinaires, les rhumatismes, la névrite.

À DROITE **Boire de l'infusion d'ortie en cas d'infections urinaires.**

REMÈDES MAISON

 Les infusions d'ortie soignent les problèmes de peau, cheveux, yeux, douleurs articulaires.

 Boire des infusions pour soigner les infections urinaires, la cystite, les engelures.

 En usage interne et externe, l'ortie soulage le rhume des foins et les autres allergies, en particulier les allergies de la peau.

 Une compresse de tissu trempée dans de l'infusion apaise les brûlures.

 Diminue la tension artérielle.

 L'ortie tonifie les reins et le foie, mais elle aide également à éliminer les toxines du corps.

 Boire régulièrement pour augmenter la résistance aux réactions allergiques et traiter les problèmes de règles.

La canneberge

VACCINIUM OXYCOCCUS VAR. PALUSTRIS

LES CANNEBERGES SONT DE PETITES BAIES ACIDES, *riches en vitamine C, qui renferment une substance excellente pour combattre les infections.*

CANNEBERGES

Propriétés et usages
- Action antiseptique sur le système urinaire.
- Traite l'asthme.
- Améliore le fonctionnement du système circulatoire.
- Favorise le traitement des calculs rénaux.

CI-DESSOUS
Les canneberges sont efficaces dans la prévention et le traitement de la cystite.

REMÈDES MAISON

 Les canneberges contiennent une substance qui compense les acides de l'urine et combat les bactéries. Un verre quotidien de jus de canneberges prévient et traite la cystite ainsi que les calculs rénaux.

 Pour traiter une crise d'asthme, consommer des canneberges écrasées, bouillies dans de l'eau distillée, pelées, puis mélangées dans une tasse d'eau chaude. Les baies contiennent un agent actif, semblable aux médicaments utilisés pour calmer l'asthme.

SAUCE AUX CANNEBERGES

Riches en vitamines C, les canneberges ne doivent pas être réservées à la dinde de Noël! La sauce aux canneberges peut accompagner le yaourt ou la glace. Pour la préparer, faire cuire brièvement les canneberges dans un sirop d'eau sucrée.

Le gingembre

ZINGIBER OFFICINALIS

L<small>E GINGEMBRE</small> *est une plante à l'arôme épicé, qui a une action réchauffante. La racine de la plante s'utilise en cuisine et en médecine. Le gingembre peut s'acheter frais ou séché.*

RACINE DE GINGEMBRE

Propriétés et usages
- Stimule le fonctionnement du système digestif.
- Élimine les toxines du corps, prévient les rhumes, régularise le système respiratoire.
- Action réchauffante, légèrement antiseptique, favorisant les sécrétions internes.
- Soulage les nausées.
- Stimule la circulation ; soulage les douleurs musculaires.

ATTENTION

Déconseillé aux personnes souffrant d'ulcères gastriques ou peptiques.

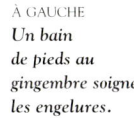

À GAUCHE
Un bain de pieds au gingembre soigne les engelures.

REMÈDES MAISON

 L'infusion au gingembre soulage les nausées et les spasmes internes, comme les coliques.

 En poudre, en infusion ou sous forme cristallisée, le gingembre soulage les malaises du matin et le mal des transports.

 Les cataplasmes de gingembre frais calment les douleurs dues aux rhumatismes.

 Mâcher du gingembre apaise les douleurs dentaires.

 En massages ou en inhalations, le gingembre renforce le système immunitaire et minimise la fréquence des infections respiratoires.

 Verser des gouttes d'huile ou de teinture dans un bain de pieds pour les engelures et stimuler la circulation sanguine.

 Un bain contenant de l'infusion de gingembre chaude soigne la fièvre, les rhumes et la grippe.

LES REMÈDES DE DAME NATURE

Emploi des remèdes naturels

L'APPROCHE HOLISTIQUE

La plupart des remèdes maison sont sans danger et ils peuvent éviter de nombreuses visites chez le médecin. Si, toutefois, votre santé vous inquiète, il est préférable de consulter un généraliste ou un praticien de médecine naturelle avant d'essayer de vous soigner vous-même. Les remèdes maison conviennent pour la plupart des affections sans gravité. Ils peuvent normalement être administrés parallèlement à un traitement conventionnel – en prenant soin d'en informer le médecin.

De nombreux remèdes sont plus efficaces s'ils sont prescrits en fonction des besoins individuels. Lorsqu'un traitement vous paraît inefficace, prenez rendez-vous avec le praticien concerné – homéopathe, phytothérapeute, naturopathe.

ATTENTION

De nombreuses plantes peuvent être toxiques, prises à forte dose, d'autres sont réservées exclusivement à un usage externe. N'absorbez jamais d'huiles essentielles par voie orale, sauf sur prescription d'un naturopathe. Prenez les doses adaptées à votre âge, à votre condition physique et à votre affection, et les résultats ne devraient pas tarder. Le traitement (par exemple d'un eczéma) peut être parfois de longue haleine. Certains remèdes peuvent avoir des effets négatifs.

CI-DESSOUS *Le conseil d'un praticien de médecine naturelle s'impose si vous avez des questions sur certains remèdes.*

Affections courantes

DE NOMBREUSES AFFECTIONS *peuvent se soigner par des remèdes naturels en substitut, ou parallèlement aux traitements conventionnels. Prenez soin d'informer votre généraliste des remèdes que vous prenez à l'occasion de consultations.*

ALLERGIES
- Prendre le miel produit localement contre le rhume des foins.
- Miel et vinaigre de cidre dans de l'eau chaude en prévention.
- Poudre de ginseng en prévention.
- Infusion d'ortie en fortifiant ; enduire la peau d'une pommade à base d'ortie ou prendre le remède homéopathique de l'urticaire.
- Remède homéopathique *Apis* contre les éruptions cutanées et les inflammations.

ARTHRITE ET RHUMATISMES
- Bains au vinaigre de cidre.
- Infusions purifiantes (bardane ou salsepareille), ou réchauffantes (gingembre ou romarin).
- Compresses au gingembre.
- Infusion d'eucalyptus dans l'eau du bain pour les douleurs.
- Compresses de vinaigre sur les articulations affectées.
- Infusion quotidienne de reine-des-prés.

ASTHME
- Dans le bain ou en vaporisations, l'huile de pin diminue la fréquence des crises.
- Remède d'urgence à l'approche de la crise pour réduire sa gravité.
- Inhalations d'huile essentielle de camomille, d'eucalyptus ou de lavande pendant la crise et juste après pour éviter la panique et faciliter la respiration.

CONSTIPATION
- Consommer des pommes ou du miel.
- Réglisse en infusion avant les repas pour le transit intestinal.
- Les fraises, les pruneaux et les épinards sont laxatifs.
- Infusion de sureau ou de séné une fois par jour.
- Masser l'abdomen avec de l'huile de poivre noir, de marjolaine et

de romarin (une goutte de chaque dans une huile de support).

CONTUSIONS
- Remède homéopathique *Arnica* toutes les trois heures à partir du choc. Appliquer la teinture ou la pommade.
- Remède homéopathique *Calendula* et teinture pour les symptômes.
- Appliquer du chou macéré, chaud, sur la contusion.
- Cataplasme à la moutarde pour faire circuler le sang dans la zone affectée ; ou de l'huile de poivre noir.
- Compresse de vinaigre sur les contusions ou les enflures. Éviter le contour des yeux.
- Compresses froides de teinture d'hamamélis sur les contusions et les enflures.
- Cataplasmes d'oignons grillés.

CYSTITE
- Manger du yaourt ; en douches internes pour soulager et prévenir les récidives.
- Consommer tous les jours du jus de canneberges pour empêcher les bactéries d'adhérer aux parois de la vésicule et des voies urinaires.
- Teinture d'ail dans la nourriture ou les boissons chaudes.

DIARRHÉE
- L'eau d'orge soulage la diarrhée.
- Tilleul en infusion, pour soulager les spasmes et les voies digestives.
- Infusions de menthe pour la diarrhée et les problèmes digestifs.
- Consommer des bananes mûres pour aider le corps à acquérir des bactéries saines contre les infections.
- Infusions de reine-des-prés, d'hystrastis ou d'orme jusqu'à trois fois par jour.
- Poudre d'orme dans de l'eau chaude trois fois par jour pour les troubles gastriques.
- Masser l'abdomen avec une goutte d'huile de lavande, de gingembre et d'orange dans quelques cuillerées à soupe d'une huile de support légère.

ECZÉMA
- Bain de flocons d'avoine contre les irritations et les démangeaisons.
- Utiliser les plantes suivantes par voie interne pour leurs propriétés anti-inflammatoires : camomille, souci, bardane, trèfle rouge.
- Baigner les zones affectées dans des infusions fortes de souci.
- Pommade de mouron blanc pour soulager les inflammations,

AFFECTIONS COURANTES

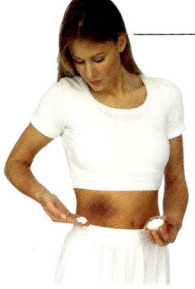

douleurs ou démangeaisons.
- Masser doucement les zones affectées avec un mélange de camomille, lavande et/ou mélisse dans un peu d'huile de support.
- Baigner les zones douloureuses avec une infusion d'hamamélis diluée dans de l'eau chaude.
- Masser les zones affectées avec des huiles essentielles de camomille, sauge, géranium et lavande, mélangées dans un peu d'huile de support.
- *Voir aussi* allergies, page 53.

FURONCLES ET ABCÈS
- Cataplasme de figue ou de miel chaud sur la zone affectée.
- Compresse stérile, imbibée d'infusion de thym chaude, sur la zone affectée.
- Cataplasme chaud de feuille de chou sur la zone affectée.
- Consommer régulièrement de l'ail pour les personnes sujettes aux furoncles. L'ail est un dépuratif, et les furoncles chroniques indiquent que le corps contient une proportion élevée de toxines.
- Compresses chaudes d'huile essentielle de camomille, citron, lavande ou thym contre les furoncles.

- Remède homéopathique *Hepar sulph*.
- Infusions de thym ou de trèfle rouge trois fois par jour durant les crises.

- Boire *Echinacea* deux ou trois fois par jour pour renforcer le système immunitaire et purifier le sang.

INDIGESTION
- Infusion de camomille. Boire avant les repas et avant le coucher pour prévenir les brûlures d'estomac et autres troubles digestifs.
- L'ananas frais, consommé après les repas, prévient les indigestions.
- Infusion de girofle et de cannelle.
- L'aneth frais, infusé dans l'eau bouillante, réduit les ballonnements et les gaz.
- Consommer tous les jours de la matricaire contre les migraines récurrentes.
- Fenouil – cru ou cuit, ou en graines écrasées et infusées.
- Mâcher une racine de gingembre.
- Infusion de feuilles de menthe pour calmer les troubles digestifs

et réduire les gaz. Des frictions d'huile de menthe sur l'abdomen soulagent immédiatement.

• Un peu de vinaigre et de miel dans de l'eau chaude.

INSOMNIE

• Infusion de camomille, bue avant le coucher.

• Quelques gouttes d'huile de lavande sur les draps ou dans un vaporisateur près du lit contribuent à la détente.

• Valériane et verveine pour se détendre.

• Essences florales de Bach : la clématite, la verveine ou le remède d'urgence. Marronnier blanc en cas d'activité mentale trop intense.

• Compresse de camomille sur la tête pour favoriser le sommeil.

• Infusions de girofle et de sauge pour leurs effets sédatifs.

• Fleurs de tilleul, scutellaire et bourrache pour le sommeil.

• Remèdes homéopathiques *Kali phos* et *Coffea*. Essayer *Lycopodium* contre les angoisses et les réveils difficiles.

MIGRAINES

• Poser une goutte d'huile de lavande sur les narines pour soulager les migraines. Un bain de lavande a le même effet.

• Bain de pieds au gingembre pour la douleur et réchauffer le corps.

• Infusion de camomille pour soulager les symptômes.

• Teinture à base de feuilles fraîches de matricaire contre le migraine. Associée à la valériane, elle est recommandée pour les fortes migraines occasionnées par l'angoisse.

• Remède homéopathique *Coffea* pour les migraines engendrées par le surmenage.

• Inhalations d'huile de basilic.

• Mélisse dans le bain ou en huile de massage pour calmer.

• Bain de pieds à la moutarde.

• Remèdes homéopathiques pour migraines persistantes : *Belladonna, Bryonia, Gelsemium, Nux vomica, Pulsatilla.*

• Jus de citron, bicarbonate de soude et eau chaude.

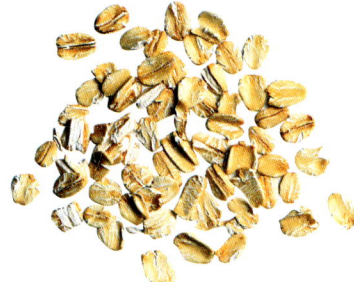

MUGUET
• Douches de yaourt pour la formation des bactéries saines, en prévention des infections fongiques. Faire régulièrement en cas de prédisposition au muguet.
• Appliquer du yaourt sur les zones affectées, et en consommer régulièrement.
• Douches du vinaigre de cidre dans de l'eau chaude.
• Infusion d'*Echinacea* ou de souci pour stimuler le système immunitaire et éliminer l'infection.
• Douche de fleurs de souci ou de lavande.
• Douche avec une petite goutte d'huile de théier diluée dans de l'eau chaude, bouillie.
• Remède homéopathique *Pulsatilla*.

NAUSÉES ET VOMISSEMENTS
• Infusion de fenouil et de menthe.
• Racine de gingembre à mâcher contre les nausées.
• Infusions de girofle et de gingembre pour les symptômes.
• La lavande calme les nausées.
• La menthe soulage les nausées dues au mal des transports.
• Eau d'orge.
• Infusion de cannelle et de reine-des-prés jusqu'à fin des symptômes.

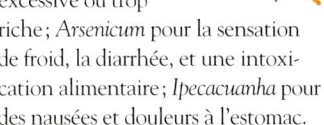

• Remèdes homéopathiques: *Nux vomica* pour les vomissements dus à une alimentation excessive ou trop riche; *Arsenicum* pour la sensation de froid, la diarrhée, et une intoxication alimentaire; *Ipecacuanha* pour des nausées et douleurs à l'estomac.
• Masser l'abdomen avec de l'huile essentielle de citron dans une huile de support.
• Infusion de citron pour purifier le système digestif.

TROUBLES MENTRUELS
• Pour réduire l'abondance des règles: jus de carottes; eau chaude et jus de citron ou teinture de cannelle dans des infusions
• *Agnus castus* (poivre sauvage) pour équilibrer les hormones, et agir sur le système de reproduction.
• Infusion de fenouil chaude pour favoriser la venue des règles.
• Masser l'abdomen à l'huile essentielle de camomille contre les douleurs.
• Infusion de menthe contre les symptômes menstruels.
• Infusion pendant tout le mois de feuilles de framboisier, tonifiantes pour l'utérus.

- Pour les douleurs: camomille et valériane; en infusion ou en décoction deux ou trois fois par jour.
- Remède homéopathique *Mag phos.* pour les douleurs.

RHUMES
- Eau d'orge avec du citron et du miel pour la guérison.
- La cannelle a une action réchauffante. Dans la nourriture et les boissons (ou utiliser l'huile en vaporisations) contre les rhumes et la grippe.
- Ail frais, consommé tous les jours, contre les rhumes; c'est aussi un fébrifuge.
- Ajouter dans une infusion à action réchauffante, de la poudre de gingembre pour renforcer le système immunitaire.
- Miel frais ou dans les infusions pour la prévention des infections secondaires.
- Boire régulièrement du citron avec de l'eau chaude et un peu de miel contre le rhume et les infections ultérieures. Aussi contre la toux.
- De la menthe contre les symptômes des rhumes.
- Cataplasme de moutarde sur la poitrine; bain de pieds, pour décongestionner.
- Riches en vitamine C, les agrumes combattent les infections.
- La plante *Echinacea* renforce le système

immunitaire et agit comme antibiotique naturel.

TOUX
- L'huile de pin, en vaporisations. Tonifie les poumons.
- Contre les infections, utiliser une teinture d'ail, ou du sirop d'ail. Le ginseng dans une infusion chaude réchauffe le corps et soulage les symptômes.
- Miel et citron contre la toux.
- Bâtons de réglisse légèrement macérés dans des infusions.
- Cataplasmes de moutarde sur la poitrine.
- Cataplasmes chauds d'oignons grillés sur la poitrine. Boire des soupes à l'oignon chaudes pour purifier et décongestionner.
- Infusions de menthe.
- Inhalations d'huile d'eucalyptus – expectorant et décongestif.

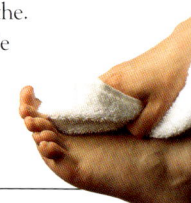

Bibliographie

Humeur et bien-être par les élixirs floraux, François DEPORTE, LPM, Paris, 1998

Plantes et huiles essentielles, mode d'emploi, Dr David LAMBOLEY, Marabout, Alleur (Belgique), 1998

Encyclopédie des plantes médicinales, Larousse, Paris, 1997

Le Bien-Être par les huiles essentielles, Clare MAXWELL-HUDSON, Hachette, Paris, 1995

Phytothérapie, se soigner par les plantes, Dr Jean VALNET, Maloine (poche), Paris, 1983

L'Aromathérapie, Dr Jean VALNET, Maloine, Paris, 1984

Guide familial de l'homéopathie, Dr Alain HORVILLEUR, Hachette, Paris, 1981

Adresses utiles

Association pour le renouveau de l'herboristerie
92, rue Balard, 75015 Paris

Bach Flower Centre
Mount Vernon, Sotwell, Wallingford, Oxfordshire OX10 OPZ, Angleterre

Dr Edward Bach Healing Society
644 Merrick Road, Lynbrook, New York 11563, États-Unis

International Federation of Aromatherapists
4 Eastmearn Road, Londres SE21 8HA, Angleterre

Société française de phytothérapie et Aromathérapie
19, bd Beauséjour, 75016 Paris

Dans la même collection

AROMATHÉRAPIE

ESSENCES FLORALES

HOMÉOPATHIE

MASSAGES

MÉDECINE CHINOISE PAR LES PLANTES

MÉDECINES DOUCES

RÉFLEXOLOGIE

EN BONNE SANTÉ PAR L'ALIMENTATION

LA SANTÉ PAR LES PLANTES

SHIATSU

TECHNIQUE ALEXANDER

VITAMINES ET MINÉRAUX

YOGA